I0101461

LES ÉLECTIONS

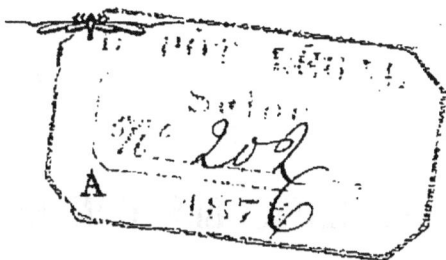

MESSIEURS LES CONSEILLERS MUNICIPAUX

———◆———

PRIX : 5 CENTIMES

———◆———

AMYOT, ÉDITEUR

8, RUE DE LA PAIX, 8,

PARIS

A.

MESSIEURS LES CONSEILLERS MUNICIPAUX

Les élections vont avoir lieu, — d'abord pour le Sénat, — ensuite pour l'Assemblée.

Vous y aurez une grande part.

Or, l'avenir dépend d'elles. Selon qu'elles donneront l'avantage aux partisans ou aux adversaires de la souveraineté nationale, le soin de régler, un jour, selon la loi, nos destinées définitives nous sera réservé ou nous échappera. Dans votre main fermée vous tenez le salut ou la perte du pays. Avant de l'ouvrir et de laisser tomber votre bulletin dans l'urne, réfléchissez, interrogez votre conscience, et faites ce qu'elle vous aura dicté.

Mais n'écoutez qu'elle ! Défiez-vous des hâbleurs de cabaret, des commis-voyageurs en république que les comités des villes vous envoient !

Soit par des émissaires, soit par eux-mêmes, les républicains chercheront à vous enjôler. Ils ne parleront plus comme jadis leur chef Jules Favre, en pleine tribune du Corps législatif, des *« aveugles populations des campagnes. »* Ils ne diront plus *« Ces brutes de ruraux, »* comme ils disent entre eux si volontiers. Ils ne souhaiteront plus de voir le dernier des paysans mourir de faim devant leur porte impitoyablement fermée, comme le souhaitait un de leurs journaux (1) « après les élections de février 1871.... Lisez plutôt, si vous ne m'en croyez pas, je vais le citer :

« Méchant *plutôt que bête, le paysan est généralement* voleur, *s'il est métayer ;* usurier, *s'il est propriétaire ;* lache, *s'il n'a pas été transformé par la vie militaire ou par le séjour des villes. Cette fois, heureusement, le paysan s'est absolument trompé, et nous attendons avec*

---

(1) C'est *Le Patriote albigeois*, journal républicain, qui parlait ainsi en février 1871.

*impatience le moment trois fois béni où le plus grand
nombre d'entre eux seront ruinés par les exigences* DE
LA PRUSSE. C'EST AVEC UN PLAISIR SANS BORNES (ET
NOUS LE DIRONS, DUT-ON NOUS ACCUSER DE CRUAUTÉ)
QUE NOUS REFUSONS DU PAIN AU PAYSAN QUE LA FAIM
AMÈNERA DEVANT NOTRE PORTE, AVEC JOIE QUE NOUS LE
VERRONS PRIVÉ DE SES FILS. »

Voilà comment les vrais républicains parlent, au
lendemain du vote, quand les « ruraux » sont traités
comme ils le méritent. Mais avant l'élection ils sont
doux, polis, charmants ; ils courbent l'échine, ils
saluent jusqu'à terre : « Brave électeur ! intelligent
électeur ! honnête électeur ! » Ils prodiguent au *rural*
compliments et promesses. Le *rural* les laisse dire,
ne leur répond ni *oui* ni *non*, et ils s'en vont, convaincus qu'il l'ont converti. On ouvre la boîte : le
rural n'a pas voté pour eux. Alors ils recommencent à
l'injurier jusqu'au jour où, de nouvelles élections
étant annoncées, ils recommenceront à l'enguir-
lander.

*
* *

Dans ce moment, ils distribuent de petites bro-
chures pareilles à celle-ci (chacun de vous en a dû

recevoir un exemplaire), où un prétendu « député républicain » vous donne son avis. Son avis, c'est naturellement de voter pour les républicains. Mais il en donne une raison bien curieuse : c'est que nous avons la république, que les républicains ; la voulant *conserver*, sont donc *conservateurs* ; que les autres, au contraire, voulant substituer à la république un roi ou un empereur, rêvent une nouvelle *révolution !*... Plus de royauté ! Plus d'empire ! ajoute le « député républicain. » La royauté ? Elle même a reconnu qu'on ne voulait plus d'elle et s'est rendu justice en disparaissant de la scène. L'empire ? Il a perdu l'Alsace et la Lorraine ; il ne nous a fait que du mal et nous ne pouvons souhaiter son retour.... Donc, il faut voter pour « mes amis. » Tel est, en deux mots, le boniment républicain qui vous est adressé.

Vraiment ! ces messieurs vous jugent bien bornés,.. A force de vous traiter, entre eux, d'imbéciles, ils ont fini par vous croire tels. Nous qui avons plus de confiance dans votre esprit, dans votre bon sens, nous ne prendrons pas seulement la peine de réfuter de telles sottises. Vous les avez réfutées vous-mêmes en les lisant.

Vous savez parfaitement à quoi vous en tenir sur le régime actuel ; vous savez que (de l'aveu de tous les partis) il n'a de républicain que le nom, qu'il repose tout entier sur le prestige et sur l'épée du maréchal de Mac-Mahon ; que, le maréchal venant à disparaître, il disparaîtrait avec lui ; qu'il doit (c'est la Loi qui le veut) expirer au plus tard en 1880 et plus tôt si le salut du pays l'exige ; que, pour y mettre fin, il n'y a pas la moindre révolution à faire, qu'il n'y a qu'à laisser le maréchal appliquer un article de la constitution ; que la seule révolution à craindre, au contraire, serait celle qui ferait passer le pouvoir aux mains des vrais républicains ; car ceux-ci nous ramèneraient nécessairement le joli personnel que nous avons vu à l'œuvre après le 4 Septembre et détruiraient les institutions tutélaires qui nous assurent aujourd'hui le repos, mais dont la véritable république ne pourrait pas s'accommoder un instant.

Quant à l'empire, à ce qu'il fut, à ce que son habile administration, ses immenses travaux d'utilité publique, ses traités de commerce ont ajouté à la fortune du pays et très-probablement à la vôtre, on n'a pas besoin de vous le rappeler.

Vous savez que l'empire a fait la guerre parce que l'Opposition, pour le renverser, avait follement excité les susceptibilités nationales ; vous savez qu'il a été vaincu parce que l'Opposition, en même temps qu'elle rendait la guerre inévitable, refusait à l'Empereur l'argent, les armes et les soldats qui lui eussent permis de vaincre.

Vous savez que l'Alsace et la Lorraine ont été perdues par ce régime insensé qu'un républicain lui-même appelait la *dictature de l'incapacité*, par les hommes du 4 Septembre et par eux seuls. Quelque soin qu'ils mettent à étouffer ces révélations, vous savez que deux fois, — le 18 septembre et le 30 octobre, la Prusse leur offrit la paix, — la première fois moyennant *Strasbourg et sa banlieue*, la seconde fois moyennant l'*Alsace et trois milliards*, — et qu'ils ont repoussé cette double proposition, en la dissimulant au pays, parce que le pays, s'il l'avait connue, les aurait forcés de l'accueillir. C'est prouvé, c'est écrit ; ils ont dû l'avouer eux-mêmes à la tribune et le *Journal officiel* l'a recueilli de leur bouche (1). Il

(1) C'est le *Journal officiel* du 18 juin 1871 qui contient ce grave aveu de M. Jules Favre.

leur faut une certaine dose d'impudence pour oser le nier encore... Quant à vous, vous êtes depuis longtemps fixés sur la part de responsabilité qui revient à l'Empire ou à la République.

*
* *

D'ailleurs, telle n'est pas, en ce moment, la question. Si vous voulez l'Empire ou non, vous le direz quand l'heure légale sera venue. Nous ne cherchons pas, comme les républicains, à vous imposer notre manière de voir. Nous ne disons pas : Maintenant *vive le maréchal !* et ensuite *vive Napoléon IV !* Nous disons : Maintenant le maréchal, et ensuite... le gouvernement que vous voudrez. Nous espérons bien que vous voudrez l'Empire, parce que nous sommes profondément convaincus que les institutions impériales peuvent seules assurer la force, la richesse, la grandeur du pays : Si la France est d'un autre avis, cependant, nous nous inclinerons.

Mais, encore une fois, il ne s'agit pas, pour l'instant, de vous prononcer sur cette grave question. Il s'agit de veiller à ce que le droit de vous prononcer plus tard ne puisse vous être refusé.

Il s'agit de faire en sorte qu'on tienne compte de votre sentiment, mieux qu'on ne l'a fait depuis le 4 Septembre. Rappelez-vous tout ce qui s'est passé dans ces cinq dernières années. Vous aviez élu une assemblée, croyant qu'elle aurait tout simplement à conclure la paix, sans lui donner par conséquent de mandat déterminé. Un jour elle a mis M. Thiers au pouvoir ; un autre jour elle l'en a chassé. A la fin de 73 elle était sur le point de faire la monarchie ; un an après elle faisait la république (révisable, Dieu merci!). Et telle était son exacte division en deux portions égales, qu'il suffisait d'une voix de majorité pour changer ainsi nos destinées du blanc au noir, d'un député se donnant une entorse ou manquant le train de Versailles pour nous faire passer d'un régime au régime opposé... Quant à vous demander ce qu'il vous en semblait, on n'y songea pas une minute.

De la part des royalistes un tel oubli s'explique. Ils ne reconnaissent point la souveraineté nationale et méprisent le suffrage universel. De la part des républicains (qui, s'ils ne représentent pas la volonté populaire, ne représentent absolument rien) ce dédain est plus étrange. Il ne date pas d'aujourd'hui cependant. En toute occasion il s'est manifesté. En 1792, en 1848, en 1870 ils ont toujours procédé de même. Ils prennent le pouvoir par un coup de main. Puis, ce qui est bon à prendre étant bon à garder, comme dit le proverbe, ils veulent le garder même contre le vœu manifeste du pays. Pour justifier leur usurpation, ils ont imaginé cette théorie assez drôle que la république est au-dessus de la discussion, au-dessus du suffrage universel et que le pays, fût-il tout entier d'accord pour la repousser, n'a pas LE DROIT d'adopter une autre forme de gouvernement (1). C'est se moquer du monde, n'est-il pas vrai ? Il y a pourtant des badauds qui prennent au sérieux cette mauvaise plaisanterie. J'espère bien que vous n'êtes pas du nombre.

S'il y a une question que la majorité des citoyens doit trancher, n'est-ce donc pas celle-là ? La justice, le bon sens indiquent que celui de tous les intérêts qui vous touche le plus ne peut être définitivement réglé sans vous. Cette large base de la souveraineté

---

(1) Le *Rappel* le disait encore dans l'un de ses derniers numéros: « La République n'a pas même besoin du vote du peuple. Nous ne reconnaissons pas au peuple lui-même le droit de voter la monarchie. » C'est commode !

nationale est désormais la seule sur laquelle notre
édifice politique puisse s'asseoir. Bâtir en dehors
d'elle, c'est bâtir sur le sable ; c'est précisèment
parce que nous voulons un gouvernement solide
que nous voulons un gouvernement national, c'est-
à-dire sorti des entrailles du pays, et que nous
réclamerons avec énergie l'appel au peuple quand
l'heure fixée par la Loi aura sonné.

A cette solution nette, loyale, facile, quelle objec-
tion peut-on faire ? Les bons républicains vous reconnaissent assez d'intelligence pour élire des séna-
teurs et des députés, parce qu'ils espèrent, à force
d'artifices, vous amener à voter pour eux-mêmes ;
mais pas assez pour choisir le gouvernement, parce
qu'ils savent fort bien que jamais vous n'avez voté,
que jamais vous ne voterez pour leur République, et
que quand vous serez face à face, — elle et vous, —
son affaire sera vite réglée. Eh bien, puisqu'ils
vous trouvent trop niais pour trancher cette question, à la fois si simple et si grave, qu'ils osent
donc vous le dire en face ! Quand ils viendront vous
trouver, pressez-les, je vous le conseille, mettez-les
au pied du mur. Demandez-leur si, oui ou non, ils se
prononceront pour la souveraineté nationale et

pour l'appel au peuple quand la révision sera légalement possible. Vous verrez quelle mine embarrassée ils feront, et quels discours entortillés pour éviter de vous répondre !

A cette attitude hésitante et louche comparez l'attitude nette et carrée des candidats qui viennent vous dire : « Le maréchal occupe le pouvoir et l'occupe dignement. Nous le soutiendrons avec énergie. Mais quand l'heure de la révision sera venue, quand il s'agira de constituer le gouvernement définitif, celui que nous devons léguer à nos enfants, nous demanderons qu'on nous laisse en décider librement. » Peut-on souhaiter un programme plus franc, plus honnête ? Votez avec confiance pour ceux qui y adhéreront. Ce sont les bons candidats, ceux qu'il faut envoyer à l'Assemblée et au Sénat.

*
* *

A l'Assemblée, — rien de plus simple. Entre l'urne et vous, pas d'intermédiaire.

Pour le Sénat, la chose est plus compliquée et mérite d'appeler toute votre attention.

C'est votre avis, je pense, qu'on veut recueillir, et cependant vous ne pourrez l'exprimer vous-mêmes. Vous devrez charger l'un d'entre vous de le porter au chef-lieu... Prenez garde qu'il ne l'égare en route ! Recommandez lui de le garder avec soin, de le défendre, au besoin, contre les obsessions : elles ne manqueront pas. Dès qu'il arrivera au chef-lieu, les agents des partis le circonviendront pour lui arracher le dépôt qu'il aura reçu de vous. Mensonges, intrigues, promesses, menaces, ils emploieront tous les moyens. Il devra résister à la séduction comme à la violence. Vous choisirez donc, pour vous représenter, un homme honnête, ferme, indépendant ; et vous le mettrez à l'abri du péril, vous le prémunirez contre les autres et contre lui-même en lui donnant un mandat net et précis.

Quand nous ne pouvons traiter nous-même une affaire, nous multiplions à celui qui nous remplace instructions et recommandations. Si vous entendiez un de vos voisins dire au notaire : *Achetez-moi un bien, pré, vigne ou bois, à votre convenance, et payez-le le prix qu'il vous plaira,* — vous penseriez que ce voisin est fou et qu'il finira sur la paille. C'est pourtant ainsi que vous agiriez si vous donniez à votre mandataire un blanc-seing qui lui permît de voter selon sa fantaisie.

Sans doute il pourra se présenter telle hypothèse que vous n'ayez pas prévue; que, par exemple, l'élection n'ayant donné de résultats ni au premier ni au second tour, il soit nécessaire, au scrutin de ballottage, de faire une transaction. Le délégué devra agir alors pour le mieux de vos intérêts et suivant les seules inspirations de sa conscience.

Ce qui est essentiel, ce que vous pouvez, ce que vous devez exiger de lui, c'est qu'il s'inspire constamment, exclusivement, des idées, des sentiments dont il vous saura vous-mêmes animés, c'est qu'il remplisse honnêtement le mandat dont vous l'aurez chargé; c'est que, revenu dans la commune, il puisse à toute question répondre bien haut: « J'ai voté pour tel ou tel, c'est-à-dire comme vous auriez voté vous-mêmes. »

Vous le voyez, nous ne cherchons pas à vous engager dans des sentiers tortueux: c'est la grande route que nous vous montrons, — la grande route du Devoir, de l'Honneur et de la Légalité.

UN PATRIOTE.

13.76. — Boulogne (Seine). — Imp. JULES BOYER.

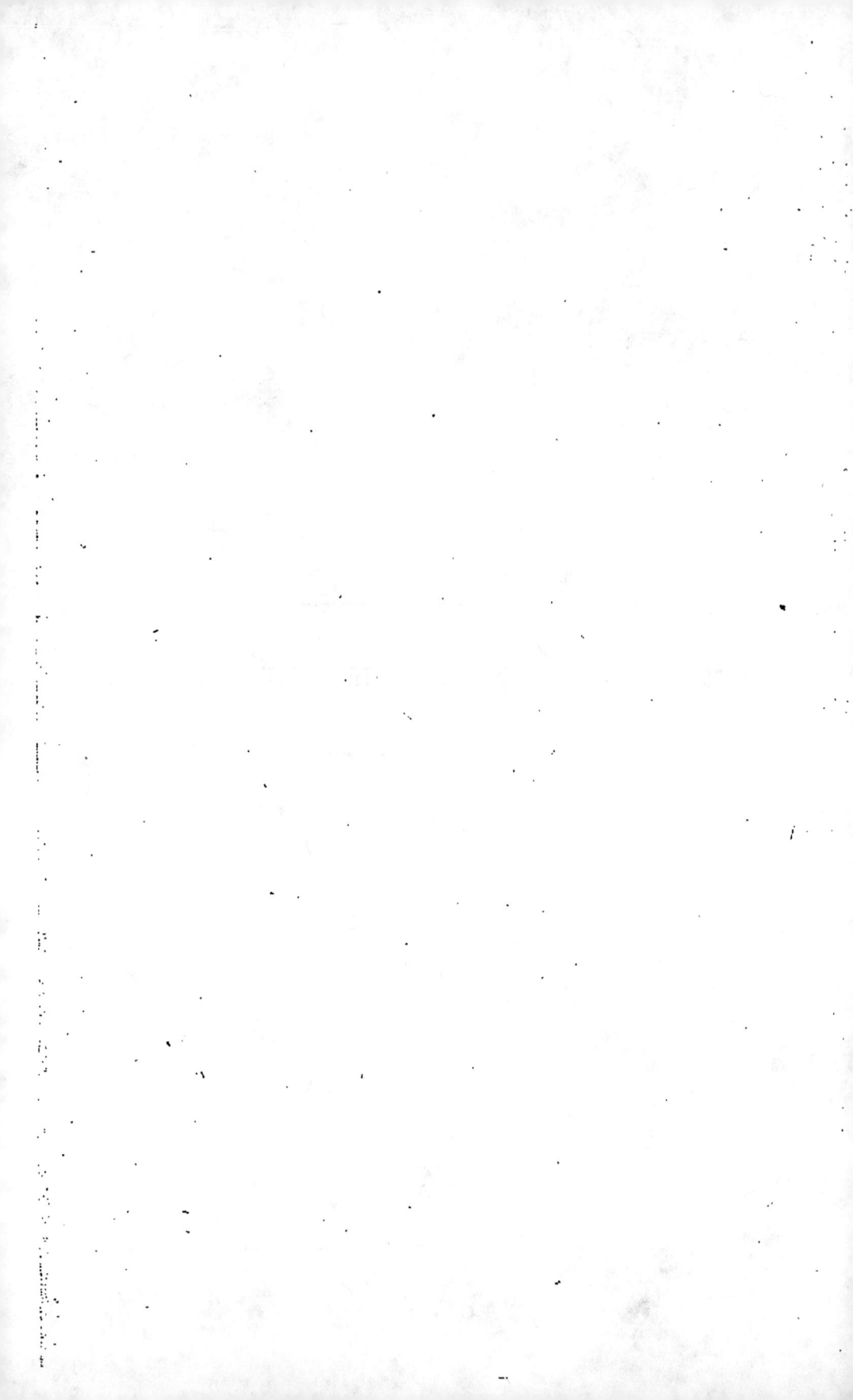

www.ingramcontent.com/pod-product-compliance
Lightning Source LLC
Chambersburg PA
CBHW060727280326
41933CB00013B/2577